BEI GRIN MACHT SICH IHR WISSEN BEZAHLT

- Wir veröffentlichen Ihre Hausarbeit, Bachelor- und Masterarbeit

- Ihr eigenes eBook und Buch - weltweit in allen wichtigen Shops

- Verdienen Sie an jedem Verkauf

Jetzt bei www.GRIN.com hochladen und kostenlos publizieren

Bibliografische Information der Deutschen Nationalbibliothek:

Die Deutsche Bibliothek verzeichnet diese Publikation in der Deutschen National-
bibliografie; detaillierte bibliografische Daten sind im Internet über http://dnb.d-
nb.de/ abrufbar.

Impressum:

Copyright © 2019 GRIN Verlag
Druck und Bindung: Books on Demand GmbH, Norderstedt Germany
ISBN: 9783346028051

Dieses Buch bei GRIN:

https://www.grin.com/document/501770

Thessa-Martien Herold

Die Entwicklung der Frauen um 1800

Frauenrolle, Weiblichkeitsideologie, Bildung und Erwerbstätigkeit

GRIN Verlag

GRIN - Your knowledge has value

Der GRIN Verlag publiziert seit 1998 wissenschaftliche Arbeiten von Studenten, Hochschullehrern und anderen Akademikern als eBook und gedrucktes Buch. Die Verlagswebsite www.grin.com ist die ideale Plattform zur Veröffentlichung von Hausarbeiten, Abschlussarbeiten, wissenschaftlichen Aufsätzen, Dissertationen und Fachbüchern.

Besuchen Sie uns im Internet:

http://www.grin.com/

http://www.facebook.com/grincom

http://www.twitter.com/grin_com

Universität Greifswald – Historisches Institut

Vorlesung: Politik, Militär und Gesellschaft vom Beginn des Dreißigjährigen Krieges bis zur Gegenwart

Sommersemester 2019

Modul: Basismodul Neuere Geschichte

Datum: 02.09.2019

Die Entwicklung der Frauen um 1800

Name: Thessa-Martien Herold

Studienfächer: Geschichte (4. Semester) / Germanistik (4. Semester)

Angestrebter Abschluss: Lehramt Gymnasium

Inhaltsverzeichnis

Einleitung

„Daß alle Menschen nicht nur im Zustand natürlicher Freiheit und Gleichheit geboren würden, sondern auch in Staat und Gesellschaft grundsätzlich frei und gleich an Rechten bleiben müßten [...]", so lautet es in Wolfgang Kruses Werk „Die Französische Revolution.[1] Formuliert wurde dieser Ausschnitt in der französischen Erklärung der Menschen- und Bürgerrechte, als zentrale Festlegung im ersten Paragraphen.[2] Freiheit und Gleichheit, zwei Begriffe, die man historisch in den Kontext der Französischen Revolution, im Jahr 1789, einordnet. Wie schwer die Umsetzung sein würde, das ahnte zu dem Zeitpunkt noch niemand. Gerade im gesellschaftlichen, wirtschaftlichen und sozialen Bereich.

Analysiert man die Gesellschaft zu dieser Zeit genauer, vor allem die Frau, so sind klare Differenzen zu unserer heutigen Zeit erkennbar.

In meiner folgenden Arbeit möchte ich nun jene Unterschiede aufzeigen und einen Abriss zur Entwicklung des Frauenbilds um 1800 darstellen. Weiterhin werde ich darlegen wie es möglich war, das erstarrte Bewusstsein der *Heimarbeit* zu lockern.

Um einen Überblick zu verschaffen, habe ich mich mit unterschiedlichen Forschungen aus Literatur, sowie aus Online-Datenbanken befasst, damit es möglich ist Einblicke in einen umfangreichen Forschungsstand zu bekommen, da Geschlechterbeziehung auch heute in Form von *gender studies* interessant sind. Auf die Bezeichnung *gender* und *Heimarbeit* komme ich im Laufe meiner Arbeit erneut zurück.

Primär stütze ich meine Arbeit auf Forschungen Claudia Bischoffs, die in ihrem Werk „Frauen in der Krankenpflege" die bürgerliche Seite des 19. Jahrhunderts beleuchtet und Einblicke in ein weiteres Arbeitsfeld der Frauen, außerhalb des Hauses, gewährt. Ergänzend zu dieser Problematik integriere ich einen Überblick des Geschlechterdiskurses durch Caroline Vogel, sowie auch Grundsätze der Geschlechterordnung um 1800. Letzteres wird mithilfe der Arbeit Katharina Rennhaks und Virginia Richters dargestellt.

---

1 Kruse, Wolfgang: Die Französische Revolution, Paderborn 2005, S. 149.
2 Kruse 2005, S. 149.

Neben dieser Hauptliteratur beziehe ich explizit auch historische Epochen, wie beispielsweise die Französische Revolution oder Industrielle Revolution in Deutschland, in meine Arbeit mit ein, um das zeitgeschichtliche Bild durch epochale Merkmale geschichtlicher Zeit zu ergründen.

Diese Thematik vermittle ich mithilfe der Werke Wolfgang Kruses, ebenso wie Susanne Lachenichts, welche die Problemstellung der Französischen Revolution aufgreifen. Hinzu füge ich Knut Borchardts Forschung „Die Industrielle Revolution in Deutschland".

Die Zeit um 1800 war durch verschiedene historische Einflüsse geprägt, demnach entwickelte sich die Frauenrolle. Diese werde ich in meiner Arbeit zusammenfassend erläutern und beziehe ebenfalls Einblicke in die Geschlechterforschung, Weiblichkeitsideologie, sowie Bildung und Erwerbstätigkeit.

Meine Abhandlung betrifft die proletarische Bevölkerungsschicht, nicht die Frauen der „niederen Klasse", da der Schwerpunkt meiner Arbeit auf der Heimarbeit liegt und Frauen der niederen Schicht schon immer außerhalb der Familie gearbeitet haben, um den Lebensunterhalt zu sichern.[3]

Mit dem Brief Julie Bondelis an ihre Freundin Sophie von La Roche möchte ich das Themenfeld der Frauenrolle ebenfalls auf das Frauenbild ausweiten. Kern dieser Arbeit ist somit die Darlegung eines expliziten Frauenverständnisses, durch unterstützende Forschungslage.

Die Frau galt als unwissend und dem Mann unterlegen, wie konnte sie also fähig sein überhaupt eine Literarizität zu bedienen? *Kann die Frau der frühen Neuzeit noch als dem Mann unterstelltes, schwaches Geschlecht betrachtet werden?* Mit dieser Fragestellung möchte ich mich nun im kommenden Teil meiner Arbeit befassen.

---

3 Bischoff, Claudia: Frauen in der Krankenpflege. Zur Entwicklung von Frauenrolle und Berufstätigkeit im 19. und 20. Jahrhundert, Frankfurt 1997, S. 78.

1. Zeitgeschichtliche Einordnung

Das 18./19. Jahrhundert ist geprägt durch politische, wirtschaftliche und auch soziale Einschnitte individuellen Denkens. Eine Umbruchszeit die gekennzeichnet durch *Französische Revolution, Aufklärung* und *Industrielle Revolution* charakterisiert war.

„Aufklärung" ein Wort dessen Begriffsbestimmung sehr umstritten ist. Doch gibt die Definition eines Philosophen, der als Überwinder der Aufklärung gilt, Auskunft. Immanuel Kant. Es waren 1783 seine Worte, dass unter Aufklärung der Ausgang des Menschen aus seiner selbstverschuldeten Unmündigkeit, Unmündigkeit bedeutet hierbei das Unvermögen seinen Verstand ohne Leitung zu bedienen, zu verstehen sei.[4] Ausgangspunkt ist nach Kant also die Unmündigkeit, wobei Mündigkeit als Ziel der Aufklärung zu erreichen ist. Die Aufklärung ist demnach ein Befreiungsvorgang gegen jene Hindernisse, die der Autonomie des Individuums entgegen stehen. Hindernisse sind nach Kant einerseits moralischer Art, als auch andererseits gesellschaftlicher Art, die eine Freiheitseinräumung fordern. Freiheit in dem Maße, dass Meinungsfreiheit in Staat und Gesellschaft herrschen und Religionsfreiheit.[5]

Wie verbreitete sich nun dieses Gedankengut und wo besteht der Zusammenhang zu den Geschlechterverhältnissen?

Die Aufklärung im Allgemeinen kann nicht als Ursache der Französischen Revolution geltend gemacht werden. Vielmehr trugen die Philosophen dazu bei, die ideologischen Stützen der alten Gesellschaft zu untergraben.[6]

Als Auslöser der *Revolution* sieht man die Finanz- und Verfassungskrise Frankreichs im Juli 1788, welche die Einberufung der Generalstände hervorsah. Zugleich hob der neue Premierminister Brienne, durch neue Forderungen an Gebildete öffentlich Stellung zu beziehen, die Zensur auf. Was als Ergebnis eine politische Mobilisierung der französischen Bevölkerung bedeutete.[7]

Mit der zeitweiligen Aufhebung der Zensur war die Pressefreiheit jedoch noch nicht verbunden. Vorerst waren weiterhin drei königlich privilegierte Zeitungen zugelassen. Anfang Mai 1789 erschienen erstmalig unabhängige Zeitungen in Paris, welche zeitnah

---

4   Kraus, Andreas: Was ist Aufklärung. Betrachtungen zu einem ewig jungen Thema, in: Albrecht, Dieter (Hg.): Europa im Umbruch 1750-1850, München 1995, S. 1f.
5   Kraus 1995, S. 2.
6   Kuhn, Axel: Die Aufklärung, in: Reclam Sachbuch: Die Französische Revolution, Ditzingen 2013, S. 43.
7   Kruse, Wolfgang: Die Französische Revolution, Paderborn 2005, S. 81.

verboten wurden. Die Erklärung des dritten Standes zur Nationalversammlung gab letztendlich den entscheidenden Anstoß zur Publikation unabhängiger Pressorgane. Es erschienen weiterhin unabhängige Zeitungen, bis im August 1789 durch die Erklärung der Menschen- und Bürgerrechte, auch die Pressefreiheit offiziell verkündet wurde.[8] Die Französische Revolution verstand sich nunmehr als Beginn einer neuen Ordnung, in der Mensch und Natur einander versöhnlich entgegengingen. Jener Neubeginn sollte Raum und Zeit gestalten, um so einem neuen Verständnis über das Bewusstsein des freien Menschen Ausdruck zu verleihen.[9]

Während Ideen der Aufklärung und Revolution ein Wegweiser in Richtung Gleichheit stellten, erwies sich die industrielle Revolution als Entwicklung einer differenzierten Gesellschaftsstruktur.[10]

„Zwischen 1780 und 1850, in weniger als drei Generationen, wandelte eine weitreichende Revolution, die in der Geschichte der Menschheit nicht ihresgleichen hat, das Gesicht Englands. ", so betitelt Cipolla eben jenes Ereignis in seiner Einführung.[11] Mitte des 19. Jahrhunderts waren soziale und politische Strukturen, beispielsweise Englands und Frankreichs, der ersten Stufe der industriellen Revolution angemessen. Der Technologiefortschritt, sowie die steigende Bevölkerungsentwicklung bedingen die zweite Stufe der Industrialisierung. Die Gesellschaft erfordert einen neuen Typ Mensch. Analphabeten, die vorher in der Landwirtschaft tätig waren finden keinen Platz. Um Leben und Überleben gewährleisten zu können benötigt man Bildung.[12]

Weiterhin charakterisiert eine Industriegesellschaft eine rasche technologische Erweiterung. Die industrielle Bevölkerung kommt dem gleich und ist somit einer andauernden Erweiterung ihres Wissens unterworfen.[13]

Arbeitsteilung und Übergang zur Teamarbeit führen zu unpersönlichen Beziehungen zu den Mitmenschen. Das Miteinander ist im Vergleich zur Agrargesellschaft indifferent. Jenes manifestiert sich auch in der zahlenmäßig begrenzten Familie, mit reduzierten Funktionen, da der Staat Aufgaben übernimmt.[14]

---

8 Kruse 2005, S. 81f.
9 Wunder, Bernd: Europäische Geschichte im Zeitalter der Französischen Revolution 1789-1815, Stuttgart 2001, S. 71.
10 Klinger, Cornelia: 1800. Eine Epochenschwelle im Geschlechterverhältnis?, in: Rennhak, Katharina (Hg.): Revolution und Emanzipation. Geschlechterordnungen in Europa um 180 (Große Reihe Bd. 31.), Köln 2004, S. 17f.
11 M. Cipolla, Carlo: Die Industrielle Revolution in der Weltgeschichte. Einführung von Carlo M. Cipolla, in: Borchardt, Knut: Die Indistrielle Revolution in Deutschland, München 1972, S. 7.
12 M. Cipolla 1972, S. 18f.
13 M. Cipolla 1972, S. 18.
14 Ebd., S. 19f.

4

2. Geschlechterforschung

Um im Folgenden eine Ausarbeitung geschlechtsspezifischer Merkmale oder Theorien bezüglich der Arbeit, im Einklang zum Geschlecht anzufertigen, möchte ich mich vorerst noch einmal dem Geschlecht im Allgemeinen widmen. Was ist also überhaupt ein Geschlecht?

Betrachtet man Thematik des Geschlechts, so lässt es sich nicht vermeiden über die Begriffe *gender* und *sex* zu stolpern.

Nach Gerda Lerner beschäftigt sich die Forschung mit der Abtrennung des biologischen vom sozialen Geschlechts. Hierbei betitelt *sex* das biologisch gegebene Geschlecht und *gender* im Kontrast dazu bezeichnet die Summe der psychologisch und gesellschaftlich bestimmten Normen und Vorstellungen[15].

In der Geschlechterdiskussion gibt es demnach ein biologisch angelegtes Geschlecht, sowie eines, was durch in der Kultur ausgebildete oder vermittelte Systeme nachzuvollziehen ist.[16]

Das biologische Geschlecht geht einher mit physischen Attributen, welche anatomisch determiniert und somit als nicht veränderbar geltend gemacht werden. Wohingegen das Geschlecht in der Gesellschaft sich auf die soziale Klassifikation „männlich" und „weiblich" beziehe, was daher als veränderbar gesehen werden kann.[17]

Die Unterscheidung beider Begriffe zählte lange Zeit als fachlicher Ansatz, damit der gesellschaftlichen Konstruktion von Männlichkeit, sowie Weiblichkeit nachgegangen werden konnte. Jene Abtrennung von *gender* und *sex* zeigte in der Forschungspraxis jedoch erhebliche Probleme, da empirischen Arbeiten die Annahme zu Grunde lag, dass das historisch variable Geschlecht immer an einen von Natur aus gegebenen Körper gebunden sei und dementsprechend weibliches und männliches Verhalten zu unterscheiden ist.[18]

---

15 Opitz-Belakhal, Claudia: Geschlechtergeschichte. 2., aktualisierte und erweiterte Auflage (Historische Einführungen Bd. 8), Frankfurt am Main 2018, S. 13.
16 Vogel, Caroline: Geschlechterdiskurs und Lebensrealität um 1800. Elisabeth von Staegemann – ihr literarisches Werk und ihr Salon, Regensburg 2001. S. 32.
17 Opitz-Belakhal 2018, S. 13.
18 Ebd, S. 14.

Das wichtigste Anliegen der Geschlechterforschung ist die Kritisierung „natürlicher" Geschlechtsunterschiede und somit die Infragestellung der dadurch legitimierten Ungleichheit von Mann und Frau. Seit jeher ist einigermaßen klar was als feminin oder maskulin angesehen wird. Problematisch wird es erst beim Blick auf das Verhältnis zwischen den Parteien. Die strukturalistische Kategorienbildung, eingeführt durch Lévi-Strauss, hat zufolge, dass Frauen als „natürliches", „wildes" Geschlecht, wohingegen Männer auf der Seite der Kultur zu verzeichnen sind.[19]

---

19 Ebd, S. 42f.

3. Frauenrolle und Weiblichkeitsideologie

Zu Beginn der Moderne hat sich das Bild von Männlichkeit und Weiblichkeit stark variiert. Zuvor galt üblich, dass Geschlecht steht hinter dem Stand. So waren eine Bäuerin und ein Fürstin vom Geschlecht her gleich, doch wäre es undenkbar auf Grund des Standes jenes auch zu behaupten. Gleiches gilt auf männlicher Seite.[20] Als um 1800 die Auflösung der Stände begann wurden die Menschen kategorisch erstmals in Frauen und Männer sortiert. Für beide wurden jeweils deutlich unterscheidende Geschlechtscharaktere erfunden. Demnach galten Männer fortan als intellektuell überlegen, aber zeitgleich auch als egoistisch, gefühlskalt oder gewalttätig. Wohingegen Frauen durch Attribute wie selbstlos und moralisch, jedoch nicht sonderlich schlau gekennzeichnet wurden.[21]

Schon mit der neuen französischen Verfassung 1791 versuchte die Frau, allem voran Olymphe de Gouge, eine eigene Berechtigung zu erlangen. Daraus ging hervor, dass die Rechte der Frauen noch während der Erklärung der Menschen- und Bürgerrechte 1789 gar nicht oder zum Teil unzureichend gedeckt wurden.[22]

Die Vorstellung der ungleichen Geschlechterordnung zwischen Mann und Frau manifestierte sich auch im Heldenakt der Johanna Stegen, welche als „spezifisch weiblich" wahrgenommen wurde. Johanna Stegen sammelte nach einem Gefecht Patronen ein, die von Franzosen zurückgelassen worden waren und brachte sie den Soldaten. Sie ließ sich lediglich als „Helferin" im Befreiungskrieg denotieren, nicht etwa als „Heldenjungfrau", da sie sich so, vor allem der in der tonangebenden vorherrschenden Vorstellung des Bürgertums, besser in die Geschlechterordnung einfügen konnte. Sie heiratete einen „wahren Helden" und kam ihrer vorhergesehenen Rolle als Frau nach.[23]

Dieses Bild der bürgerlichen Ehe, wie es auch Stegen führte geht einher mit dem Geschlechterdiskurs um 1800.

---

20 Autor unbekannt: Warum die Geschlechterforschung so umkämpft ist,
   https://www.geo.de/magazine/geo-magazin/19487-rtkl-bestandsaufnahme-warum-die-
   geschlechterforschung-so-umkaempft-ist (eingesehen am 31.08.2019).
21 Autor unbekannt: Warum die Geschlechterforschung so umkämpft ist,
   https://www.geo.de/magazine/geo-magazin/19487-rtkl-bestandsaufnahme-warum-die-
   geschlechterforschung-so-umkaempft-ist (eingesehen am 31.08.2019).
22 Kruse, Wolfgang: Die Französische Revolution, Paderborn 2005, S. 134.
23 Hagemann, Karen: Frauen, Nation und Krieg. Die Bedeutung der antinapoleonischen Kriege für die
   Geschlechterordnung – Geschichte, Nachwirkung und Erinnerung, in: Stamm-Kuhlmann, Thomas
   (Hg.): 1813 im europäischen Kontext (Historische Mitteilungen – Beihefte Bd. 89), Stuttgart 2015, S.
   219.

Die Trennung der Lebensbereiche von Mann und Frau gestaltete sich weniger strikt als vorhergesehen und es kam zur Annäherung der Geschlechterpaare, jedoch diente die Eheschließung der wirtschaftlichen Absicherung der Frau. Positiv zu vermerken ist jedoch das abgewandelte Bild von Liebe, da es zur ausgeprägten Vorstellung einer gefühlvollen, intellektuellen, sowie erotischen Beziehung kam.[24]

Schon bei Richard Wagner zeichnete sich das Bild der Frau als nicht aktiv handelnd, sondern verhandelnd ab. Die Männer galten als primär und die Ersten in der Ordnung. Die Frau war zwar geliebt, aber vernachlässigbar im öffentlichen Disput.[25]

Wird nach Gründen für den Ausschluss der Geschlechterordnung aus politischem, gesellschaftlichem oder historischem Feld gesucht, so wird als Begründung das Stichwort „Natur" genannt. Jenes gilt für die Arbeitsteilung, ebenso wie für die Ausgrenzung der Privatsphäre aus Politik.[26]

Von der Natur ist es bestimmt, dass die Frau mit der Produktion des Lebens, als auch mit der Reproduktion der Gattung verbunden wird. Eben jene Naturgesetzmäßigkeiten gelten als Legitimation bestehender Verhältnisse.[27]

Die natürliche Funktionsweise der Reproduktion der Frau, wird unter dem Terminus der Weiblichkeitsideologie zusammengefasst. Unter eben jenem genanntem Begriff versteht man einen Sammelbegriff für ein Aussagesystem über Frauen. Frauen sind demnach „andersartige" oder „minderwertige" Wesen, deren Bestimmung mit denen einer Hausfrau und Mutter einhergeht.[28]

Durch die Fortpflanzungsfunktion der Frau steht es in ihrer Verpflichtung Kinder zu gebären, sich primär um die Versorgung der Kinder, sowie Ordnung des Haushalts zu kümmern und folglich ist sie ihrem Ehemann unterstellt.[29]

Die verheiratete Frau pflegt die Ehe als einziges Lebensmodell, mit geringer Möglichkeit des Berufsausübung, wohingegen der Mann soziale Kontakte, Beruf und Ehe vereinigt. Ebenfalls übernimmt die Frau den sozialen Status des Mannes und ordnet sich wie bereits erwähnt der klassischen Geschlechterhierarchie ein.[30]

---

24 Vogel, Caroline: Geschlechterdiskurs und Lebensrealität um 1800. Elisabeth von Staegemann – ihr literarisches Werk und ihr Salon, Regensburg 2001, S. 20.
25 Zurmühl, Sabine: Visionen und Ideologien von Weiblichkeit in Wagners Frauengestalten, in: Vill, Susanne (Hg.): Das Weib der Zukunft. Frauengestalten und Frauenstimmen bei Richard Wagner, Ulm 2000, S. 65.
26 Klinger, Cornelia:Für den Staat ist das Weib die Nacht, in: Ruhe, Doris (Hg.): Geschlechterdifferenz. Texte, Theorien, Positionen, Würzburg 2000, S. 64.
27 Klinger 2000, S. 65.
28 Bischoff, Claudia: Frauen in der Krankenpflege. Zur Entwicklung von Frauenrolle und Berufstätigkeit im 19. und 20. Jahrhundert, Frankfurt 1997, S. 62.
29 Bischoff Frankfurt, S. 62.
30 Vogel 2001, S. 21.

Eine Ausweitung der Geschlechterideologie erfolgt durch eine Unterteilung in spezifische Geschlechtercharaktere. In diesem Klassifikationsschema werden bestimmte, einander ausschließende Eigenschaften von Männern und Frauen definiert. Der Frau kommt die Fortpflanzungsfunktion als naturgegebene Eigenschaft zu. Sie erfüllt den Gattungszweck. Der Mann im Vergleich erfüllt der Kulturzweck, ihm werden gesellschaftliche und öffentliche Aufgaben zugeordnet.[31]

Konträr zu dem Bild der annehmenden Hausfrau steht das Bild der „Heldenjungfrau". Revolutionäre Französinnen, die im April 1792 das Recht des Waffentragens für sich beanspruchten. Oder auch Anna Lühring, die als Mann verkleidet in der preußischen Armee kämpfte.[32]

Fälle in denen die Frau nicht ihren geschlechtsspezifischen Charaktereigenschaften von Zärtlichkeit, Schwäche und Mütterlichkeit entspricht.[33]

---

31 Bischoff 1997, S. 65.
32 Hagemann 2015, S. 219.
33 Bischoff 1997, S. 65,

4. Bildung und Erwerbstätigkeit

Die Erwerbstätigkeit der Frau wie wir sie heute kennen war nicht immer selbstverständlich.

Im Vergleich zum Mittelalter, in dem die Frau als Eigentum des Mannes, ohne jegliche Rechte und von allen öffentlichen Angelegenheiten als ausgeschlossen galt, ist die Entwicklung zur Neuzeit mit einem selbstverständlichem Anteil in der gesellschaftlichen Arbeit vertreten. Die Frau war also niemals ausschließlich nur ein der Familie, sondern war tätig in Landwirtschaft oder auch handwerklichen Berufen. Auch das frühkapitalistische Verlagssystem, sowie die Manufakturen des 18. Jahrhunderts waren ausgestattet mit Frauen und sogar Kindern. [34]

Wichtig ist eine klare Linie zwischen der proletarischen und „niederen" Bevölkerungsschicht zu ziehen. Proletarische Frauen hatten nicht den Druck Geld zu verdienen. In der proletarischen Schicht ist vor allem der Begriff der Heimarbeit bekannt.

Unter Heimarbeit versteht man eine historisch relativ junge Arbeitsform, die im Zuge des Prozess der Vermarktung der Arbeit entstanden ist.[35]

Der Industrialisierungsprozess erschuf zwei strukturell unterschiedliche, aber sich gegenseitig ergänzende und voneinander abhängige Bereiche gesellschaftlicher Arbeit. Neben der Berufsarbeit entwickelte sich gesondert die Hausarbeit. Eine unbezahlte Arbeit, die ausschließlich auf Frauen zugeschrieben war.[36]

Durch die Neustrukturierung patriarchalischer Herrschaftsverhältnisse, sowie die Festlegung der Frau auf nicht-entlohnte Hausarbeit wurde die Frau in ein Abhängigkeitsverhältnis gegenüber dem Mann gestellt. Was sich unter dem Begriff der Ernährerideologie feststellen lässt.[37]

Anders sah das Bild in der Krankenpflege aus. Der vorerst männerdominierte Bereich entwickelte sich im 19. Jahrhundert zum bürgerlichen Frauenberuf. Frauen galten durch die Eignung der Hausfrauenrolle und ihnen zugeschriebener weiblicher Fähigkeiten, der Biegsamkeit oder Versorgung der Kranken im Haus, als perfekt geeignet.[38]

---

34 Bischoff 1997, S. 46.
35 Knapp, Ulla: Frauenarbeit in Deutschland. Frauenpolitik und proletarischer Frauenalltag zwischen 1800 und 1933 (Hausarbeit und geschlechtsspezifischer Arbeitsmarkt im deutschen Industrialisierungsprozeß Bd. 2), München 1984, S. 1.
36 Bischoff 1997, S. 53.
37 Knapp 1984, S. 3f.
38 Bischoff 1997, S. 80f.

Um kurz den Bereich erwerbstätiger Frauen anzuschneiden ist es förderlich die Herausbildung der Stadtarbeit zu nennen. In der ersten Hälfte des 19. Jahrhunderts lebte ein Großteil der Gesellschaft auf dem Land. Erst im Laufe des andauernden Urbanisierungsprozesses in Folge der Industrialisierung kam es zu wirtschaftlichen, sozialen und kulturellen Änderungen, welche eine Zuwanderung aus ländlichen Gebieten bedeutete.[39]

Der Modernisierungsprozess bedeutete die allmählich eintreffende Trennung zwischen Ökonomie und Familie. Diese Entwicklung beginnt noch nicht mit dem Übergang von der Land- zur Stadtarbeit oder der agrarischen zur handwerklichen Produktion. Vielmehr bildet der Familienverband der Mittelpunkt des stadtbürgerlichen Lebens. Erst um 1800, während des fortgeschrittenen Industrialisierungsprozesses findet ein Wandel der Geschlechterordnung statt, welcher eine klare Trennung von Haus und Arbeitsplatz bedeutet.[40]

Da die Frau als Haushälterin und Erzieherin der Kinder eine feste Rolle im Alltag besaß, war es auch nicht nötig, dass die Frau an höherer Bildung beteiligt wurde. Die weibliche Rolle wurde traditionell von der Bildung ausgeschlossen. Lediglich im Haus wurde erzogen und auch die Bildung wurde auf diesem Weg vermittelt. In der Erziehungspraxis der Jungen wurde eine fundierte Ausbildung angezielt. Die Kosten dafür waren zwar enorm, aber das Intellekt der Jungen stand im Vordergrund, weshalb auch schon frühzeitig eine gymnasiale Laufbahn angestrebt wurde.[41]

Häusliche Arbeit setzte sich aus Handarbeitsstunden mit den Töchtern zusammen. Darunter fielen das Nähen, Spinnen, Weben und Kleidermachen. Mit Beginn zunehmender Emotionalisierung, Moralisierung und Zivilisierung ging eine Veränderung der hausfraulichen Arbeitsidentität einher. Frauen schufen sich eine eigene Welt, in denen ihnen die glanzvolle Rolle der Hüterin von Moral, Sauberkeit, Sitte und Anstand zukam.[42]

---

39 Myrrhe, Ramona: Patriotische Jungfrauen, treue Preußinnen, keifende Weiber. Frauen und Öffentlichkeit in der ersten Hälfte des 19. Jahrhunderts in Sachsen-Anhalt,Freiburg 2006, S. 42.
40 Klinger 2004, S. 18.
41 Vogel 2001, S. 26.
42 Habermas, Rebekka: Frauen und Männer des Bürgertums (Bürgertum Bd. 14), Göttingen 2000, S. 62-65.

5. Die weibliche Literaturtradition

Schriften von Frauen aus der frühen Neuzeit wurde von Forschungen bislang weitestgehend vernachlässigt. Dies hat gravierende Folgen. Nicht nur, dass der Kenntnisstand über schreibende Frauen gering nachweisbar ist, auch die Annahme, dass Frauen dieser Zeit kein Material verschriftlicht haben, beziehungsweise einfach nicht in der Lage waren überhaupt schreiben zu können, lag in der Diskussion.[43]

Ein annehmbarer Eintritt der Frauen in die Literaturgeschichte war der Roman oder auch Briefroman, sowie der Brief als literarische Ausdrucksform, welche im 18. Jahrhundert an Akzeptanz gewann.[44]

Als erster Frauenroman, der das weibliche Schreibverbot 1771 umging, galt der Briefroman „Die Geschichte des Fräuleins von Sternheim" Sophie von La Roches. Damit er bestand haben konnte galt eine Beschränkung des Inhalts angepasst auf die Vorstellungen der männlich dominierten Gesellschaft.[45]

Die zeitgenössische Auseinandersetzung mit den männlichen Ansichten über die weibliche Fähigkeit zum Schreiben, werden durch einen Brief Julie Bondelis an ihre Freundin Sophie von La Roche verdeutlicht.[46]

Julie Bondelis wurde am 01. Januar 1732 in Bern geboren und verstarb am 08. August 1778 in Neuenburg. Sie erhielt für ein Mädchen eine untypisch umfassende Bildung in Sprachen, Mathematik und auch Philosophie und blieb ebenfalls dem aufklärerischen Bildungsideal treu, welches sie auch in ihrem Salon an Patrizier vermittelte.[47]

Überdies gehörte sie zu den Vertreterinnen der Briefkultur während der Aufklärung und galt als exzellente Literaturkritikerin.[48]

Ihr Brief besitzt keine genaueren Anhaltspunkte bezüglich Datum und Ort der Veröffentlichung, wird aufgrund ihrer Lebensdaten wohl jedoch in den Zeitraum der Aufklärung eingeordnet. Ebenfalls bekräftigt wird diese These durch die inhaltliche Auseinandersetzung mit den Begriffen „Genie" und auch „Verstand".

---

43 Krusenstjern, Benigna von: Schreibende Frauen in der Stadt der frühen Neuzeit, in: Hacke, Daniela (Hg.): Frauen in der Stadt. Selbstzeugnisse des 16.-18. Jahrhundert (Stadt in der Geschichte Bd. 29), S. 42.
44 Vogel 2001, S. 64.
45 Vogel 2001, S. 64.
46 Ebd., S. 65.
47 Schnegg, Brigitte: Julie Bondeli, https://hls-dhs-dss.ch/de/articles/011582/2004-06-07/ (eingesehen am 01.09.2019).
48 Schnegg, Brigitte: Julie Bondeli, https://hls-dhs-dss.ch/de/articles/011582/2004-06-07/ (eingesehen am 01.09.2019).

Betrachtet man nun ihren Brief an Sophie, so erkennt man das aufklärerische Gedankengut. Im ersten Satz spricht sie schon vom „Genie", dem epochentypischen Begriff des Sturm und Drang. Der Geniebegriff setzt sich etymologisch aus Wort „ingenium", was so viel bedeutet wie einpflanzen und zum Anderen „Genius".[49]

Der Geniebegriff im Zuge der Aufklärung sieht den Menschen als eigenständiges und schöpferisches Wesen. Julie macht in ihrem Brief der Gesellschaft den Vorwurf der Unterschätzung des weiblichen Geschlechts, indem sie sagt, dass man der Frau kein Genie zutraue und sie „unmöglich von der Währung sein könne, wie das eines Mannes". Es kommt also die Unterstellung im Bezug auf Geschlechterordnung und Bildung der Frau auf. Demnach könne die Frau kein Genie in dem Sinne sein, denn die Frau ist im klassischen Ansatz dem Man Untertan.

Im nächsten Satz macht sie Anspielungen auf die Geschlechtercharaktere und Weiblichkeitsideologie der Frau. Bondelis appelliert an die Vernunft, ebenfalls aufklärerisch und die Empfindsamkeit des weiblichen Bewusstseins.

Der Brief Julies gilt nun mehr als Aufmunterung und Zusprache Sophies. Sie solle sich weniger Gedanken machen wie die Bevölkerung über weibliches schreiben denke und einfach so fortfahren, wie bisher.[50]

Aus der Quelle lässt sich folgende Leitfrage ableiten: *Kann die Frau der frühen Neuzeit noch als dem Mann unterstelltes, schwaches Geschlecht betrachtet werden?*

Für die Annahme der Unterdrückung spricht vor allem der Fakt, dass die Veröffentlichung eines Frauenromans anonym unter dem Namen des Ehemanns geschah.[51] Somit wurde dem Schaffen ein falscher Autor zugeordnet und die eigentliche weibliche Autorin in den Schatten ihres Gatten gerückt.

Weiterhin ist bekannt, dass La Roches weitere Werke „Sternheim" gänzlich an männlichen Vorgaben orientierte.[52] Weiterhin ein Argument für eine untergeordnete Stellung.

Entgegen einer Unterdrückung spricht die Möglichkeit Werke auch als Frau zu veröffentlichen. Damit engagiert die Frau sich außerhalb der häuslichen Arbeit und geht so weiterhin konform mit dem aufklärerischem Gedanken der Gleichstellung. Julie verwendet den Geniebegriffs und ermuntert Sophie weiterzuschreiben.[53]

---

49 Götz, Eva-Marie: Genie. Gründe und Bagründe, https://www.deutschlandfunk.de/kulturtheorie-genie-gruende-und-abgruende.1148.de.html?dram:article_id=335972 (eingesehen am 01.09.2019).
50 Vogel 2001, S. 65.
51 Vogel 2001, S. 65f.
52 Ebd., S. 67.
53 Ebd., S. 65.

Abschlussbetrachtung

Nach meiner nun angefertigten Ausarbeitung kann ich folglich zusammenfassen, dass die Frau in ihrem Denken und schriftlichem Publizieren weiter als der Geist ihrer Zeit war.

Frauen publizierten unter dem Namen ihres Gatten und orientierten sich in ihrer Schreibweise auch an den männlichen Vorgaben.[54]

Die Frau in ihrem Ganzen wurde aus dem öffentlichen Leben verdrängt und vorerst im Haus mit reproduktiven Aufgaben vertraut gemacht.[55]

Ebenso erhielt das weibliche Geschlecht im Vergleich zum Männlichen keinerlei schulische Fortbildung und wurde nur privat ausgebildet. Dabei lag der Schwerpunkt jedoch nicht auf schulischem Wissen, wie Sprache und Mathematik, sondern in der Vermittlung von beispielsweise Nähen oder Weben.[56]

Die Trennung von Haus und männlichem Beruf entwickelte ein neues Ideal einer emotionalisierten, kindzentrierten und intimen Kleinfamilie.[57]

Im Rückbezug zu meiner Leitfrage: *„Kann die Frau der frühen Neuzeit noch als dem Mann unterstelltes, schwaches Geschlecht betrachtet werden?"*, ist nun folgende Antwort nach meiner Arbeit zu treffen: Die bürgerliche Frau ist um 1800, trotz Gleichberechtigungsbewegung während der Französischen Revolution und Ausprägung eines Literaturbewusstseins, in einem Abhängigkeitsverhältnis zum Mann. Dies wird ebenfalls verstärkt durch die zugeschriebene häusliche Arbeit der Frau, welche nicht entlohnt wurde. Der Mann als Alleinverdiener des Haushalts und die Frau für die Reproduktion der Gattung.[58]

Die bürgerliche Ehe diente somit der Trennung der Lebensbereiche und bot nur wirtschaftliche Absicherung durch Eheschließung für Frau und Familie.[59]

Die bürgerliche Frau musste sich mit ihrer Familienrolle arrangieren und den Mann als Versorger und Vormund akzeptieren. Die Stimme der Frau war um 1800 dem Mann unterstellt war. Zwar nicht als schwaches Geschlecht, aber trotzdem abhängig.

---

54 Vogel 2001, S. 65ff.
55 Bischoff 1997, S. 48.
56 Habermas 2000, S. 62-65.
57 Knapp 1984, S. 3f.
58 Bischoff 1997, S. 55.
59 Vogel 2001, S. 20.

Literaturverzeichnis

Aschmann, Birgit; Stamm-Kuhlmann, Thomas (Hg.): 1813 im europäischen Kontext, Stuttgart 2015.

Bischoff, Claudia: Frauen in der Krankenpflege. Zur Entwicklung von Frauenrolle und Berufstätigkeit im 19. und 20. Jahrhundert, Frankfurt 1997.

Habermas, Rebekka: Frauen und Männer des Bürgertums (Bürgertum Bd. 14), Göttingen 2000, S. 62-65.

Hacke, Daniela: Selbstzeugnis und Geschlecht. Gattungstheoretische Überlegungen, in: Hacke Daniela (Hg.): Frauen in der Stadt. Selbstzeugnisse des 16.-18. Jahrhunderts (Stadt in der Geschichte, Bd. 29), Ostfildern 2004, S. 16-20.

Hagemann, Karen: Frauen, Nation und Krieg. Die Bedeutung der antinapoleonischen Kriege für die Geschlechterordnung – Geschichte, Nachwirkung und Erinnerung, in: Stamm-Kuhlmann, Thomas (Hg.): 1813 im europäischen Kontext (Historische Mitteilungen – Beihefte Bd. 89), Stuttgart 2015, S. 219.

Klinger, Cornelia:Für den Staat ist das Weib die Nacht, in: Ruhe, Doris (Hg.): Geschlechterdifferenz. Texte, Theorien, Positionen, Würzburg 2000, S. 64.

Klinger, Cornelia: 1800. Eine Epochenschwelle im Geschlechterverhältnis?, in: Rennhak, Katharina (Hg.): Revolution und Emanzipation. Geschlechterordnungen in Europa um 180 (Große Reihe Bd. 31.), Köln 2004, S. 17f.

Knapp, Ulla: Frauenarbeit in Deutschland. Frauenpolitik und proletarischer Frauenalltag zwischen 1800 und 1933 (Hausarbeit und geschlechtsspezifischer Arbeitsmarkt im deutschen Industrialisierungsprozeß Bd. 2), München 1984.

Kraus, Andreas: Was ist Aufklärung. Betrachtungen zu einem ewig jungen Thema, in: Albrecht, Dieter (Hg.): Europa im Umbruch 1750-1850, München 1995, S. 1f.

Kruse, Wolfgang: Die Französische Revolution, Paderborn 2005.

Krusenstjern, Benigna von: Schreibende Frauen in der Stadt der frühen Neuzeit, in: Hacke, Daniela (Hg.): Frauen in der Stadt. Selbstzeugnisse des 16.-18. Jahrhundert (Stadt in der Geschichte Bd. 29), S. 42.

Kuhn, Axel: Die Aufklärung, in: Reclam Sachbuch: Die Französische Revolution, Ditzingen 2013, S. 43.

Myrrhe, Ramona: Patriotische Jungfrauen, treue Preußinnen, keifende Weiber. Frauen und Öffentlichkeit in der ersten Hälfte des 19. Jahrhunderts in Sachsen-Anhalt,Freiburg 2006.

Opitz-Belakhal, Claudia: Geschlechtergeschichte. 2., aktualisierte und erweiterte Auflage (Historische Einführungen Bd. 8), Frankfurt am Main 2018.

Vill, Susanne: Das Weib der Zukunft. Frauengestalten und Frauenstimmen bei Richard Wagner, Stuttgart 2000.

Vogel, Caroline: Geschlechterdiskurs und Lebensrealität um 1800. Elisabeth von Staegemann – ihr literarisches Werk und ihr Salon, Regensburg 2001.

Wunder, Bernd: Europäische Geschichte im Zeitalter der Französischen Revolution 1789-1815, Stuttgart 2001.

Zurmühl, Sabine: Visionen und Ideologien von Weiblichkeit in Wagners Frauengestalten, in: Vill, Susanne (Hg.): Das Weib der Zukunft. Frauengestalten und Frauenstimmen bei Richard Wagner, Ulm 2000, S. 65.

Online-Ressourcen

Autor unbekannt: Warum die Geschlechterforschung so umkämpft ist, https://www.geo.de/magazine/geo-magazin/19487-rtkl-bestandsaufnahme-warum-die-geschlechterforschung-so-umkaempft-ist (eingesehen am 31.08.2019).

Götz, Eva-Marie: Genie. Gründe und Bagründe, https://www.deutschlandfunk.de/kulturtheorie-genie-gruende-und-abgruende.1148.de.html?dram:article_id=335972 (eingesehen am 01.09.2019).

Schnegg, Brigitte: Julie Bondeli, https://hls-dhs-dss.ch/de/articles/011582/2004-06-07/ (eingesehen am 01.09.2019).